I0711669